BEI GRIN MACHT SICH IHR
WISSEN BEZAHLT

- Wir veröffentlichen Ihre Hausarbeit,
  Bachelor- und Masterarbeit

- Ihr eigenes eBook und Buch -
  weltweit in allen wichtigen Shops

- Verdienen Sie an jedem Verkauf

Jetzt bei www.GRIN.com hochladen
und kostenlos publizieren

Gruppentraining in der Fitnessökonomie. Kurseinheiten, Kursplananalyse und Planung einer Wirbelsäulengymnastik

Bibliografische Information der Deutschen Nationalbibliothek:

Die Deutsche Nationalbibliothek verzeichnet diese Publikation in der Deutschen Nationalbibliografie; detaillierte bibliografische Daten sind im Internet über http://dnb.d-nb.de abrufbar.

ISBN: 9783346900982
Dieses Buch ist auch als E-Book erhältlich.

Druck und Bindung: Books on Demand GmbH, Norderstedt Germany
Gedruckt auf säurefreiem Papier aus verantwortungsvollen Quellen

Das vorliegende Werk wurde sorgfältig erarbeitet. Dennoch übernehmen Autoren und Verlag für die Richtigkeit von Angaben, Hinweisen, Links und Ratschlägen sowie eventuelle Druckfehler keine Haftung.

Das Buch bei GRIN: https://www.grin.com/document/1368374

Deutsche Hochschule für
Prävention und Gesundheitsmanagement
Hermann Neuberger Sportschule 3
66123 Saarbrücken

Einsendeaufgabe

Fachmodul: Gruppentraining 1

Studiengang: Fitnessökonomie

Inhaltsverzeichnis

1 Besuch einer Kurseinheit

1.1 Phasenverlauf des besuchten Kurses

Besucht wurde der Kurs Cycling. Dabei handelt es sich um einen Kurs in einem extra Raum mit 17 Tomahawk S-Series Schwingfahrrädern.

Zuerst gab es eine Begrüßung und der Trainer hat sich Zeit genommen mir das Rad für mich einzustellen. Währenddessen fuhren die anderen zur Musik.

Phasen des Kurses waren 3 Berge. Der erste Berg bestand aus einer Aufwärmphase. Es wurde in mittlerem Tempo zur Musik gefahren. Jeder konnte seinen Widerstand individuell einstellen, also auch sehr gut für Anfänger geeignet. Dann wurde beim nächsten Lied im Stand gefahren und ein Lied weiter dann wieder im Sitzen mit mehr Widerstand. Berg 1 war geschafft. Alle konnten den Widerstand rausnehmen und etwas trinken. Es wurde trotzdem weiter getreten.

Dann ging es weiter mit schnellerer Musik und es wurde im Wechsel von 8 Beats aufgestanden und hingesetzt. Dieses „hingesetzt" war aber kein richtiges setzen, sondern nur mit dem Hintern 1 cm über dem Sattel halten. Dann gab es ein Lied bei dem wir die Handposition ganz nach vorne verlegt haben und somit im „Wind" gefahren sind, sehr tief gelegt und auch rasant. Dann gab es noch das „Einfrieren". Damit war gemeint im Stand fahren mit stillem Oberkörper. Diese drei Arten des Fahrens wurden immer wieder in verschiedener Reihenfolge eingebaut. Jeder konnte immer selbst den Widerstand ändern nach Belieben.

Berg 2 war geschafft. Alle wieder Widerstand raus und kurze Trinkpause. Natürlich weiter treten.

Der letzte Berg bestand aus einem Lied das etwas langsamer war und man konnte schön ausfahren. Danach wurde gestoppt und es ging an das Stretching. Erst die Arme, dann die Beine. Alles noch auf dem Fahrrad. Dann absteigen und weiter dehnen und stretchen.

Dann bedankte sich der Trainer und verabschiedete sich.

Alle machten noch ihre Fahrräder sauber und dann ging man aus dem Raum.

1.2 Motorische Fähigkeiten im besuchten Kurs

Motorische Fähigkeiten im Kurs bestanden aus Ausdauer und Beweglichkeit.

Definition Ausdauer:

„Ausdauer ist die Fähigkeit, physisch und psychisch lange einer Belastung zu widerstehen, deren Intensität und Dauer letztendlich zu einer unüberwindbaren (manifesten) Ermüdung (= Leistungseinbuße) führt, und/oder sich nach physischen und psychischen Belastungen rasch zu regenerieren" (Zintl, 1997, S. 28)

Definition Beweglichkeit:

„Beweglichkeit ist die Fähigkeit, Bewegungen willkürlich und gezielt mit der erforderlichen bzw. optimalen Schwingungsweite der beteiligten Gelenke ausführen zu können" (Martin, Carl, & Lehnertz, 1993, S. 214)

Aus der Ausdauer bestand der ganze Kurs. Denn man fuhr die ganze Zeit. Es war eine Aerobe Ausdauereinheit. Genauso wie die Beweglichkeit. Durch das ständige Treten und den Sitzpositionwechsel war man ständig in Bewegung.

1.3 Betrachtung des Kursleiterverhaltens

1.3.1 Funktion des Lehrers

Der Trainer nahm sich am Anfang die Zeit mir das Fahrrad einzustellen, damit ich in der korrekten Haltung fahre und nichts falsch mache.

Die Handpositionen wurden erklärt und nachdem alles in Ordnung war nahm der Trainer auf seinem Rad Platz direkt vor uns und machte alles mit, bzw. vor. Ein Teilnehmer klagte über Knieprobleme und dann wurde ihm schnell geholfen und er durfte im halben Takt fahren.

1.3.2 Funktion des Dienstleisters

1.3.2.1 Äußere Bedingungen

Es war eine Raum mit extra Musikanlage, Fahrrädern und einer Lüftung. Die Lüftung wurde direkt am Anfang auf die höchste Stufe gedreht.

1.3.2.2 Ansprechpartner

Der Trainer war anfangs da um das Rad einzustellen und half auch gerne bei anderen Fragen bzw. Problemen.

1.3.2.3 Gute Vorbereitung

Vorbereitet war er auch. Hatte die Musik dabei und schon alles notiert wann er welche Position einnahm.

1.3.2.4 Neue Teilnehmer integrieren

Mich als neuen Teilnehmer hat er gut integriert. Alles eingestellt und war bei Fragen sehr hilfsbereit.

1.3.3 Funktion des Vorbilds

Der Trainer war in guter Form und sehr Freundlich. Vermittelte auch Spaß und lebte die Fitness richtig.

1.3.4 Funktion des Animateurs

Die Motivation seitens des Trainers war immer Präsent und man konnte sich dieser auch nicht entziehen. Man hat ihm richtig angemerkt, dass er Spaß Dabei hatte und uns auch gerne daran teilhaben lassen wollte.

2 Externe Bedingungen einer Kurseinheit

2.1 Rahmenbedingungen

Man muss sich der Räumlichkeit und Ausstattung bewusst sein. Denn wenn die Raumgröße oder Raumform nicht zum Angebot passt (raumgreifende Bewegungen sind in einem kleinen Raum mit Säulen schwer möglich) wird die Realisierung schwer.
Auch die Ausstattung muss bekannt sein, falls Kleingeräte oder Hilfsmittel gebraucht werden.

2.2 Zielgruppe

Die Gruppengröße und das Durchschnittsalter sollten in die Planung mit einfließen. Wenn man einen Kurs gibt bei dem viel korrigiert werden muss sollte die Gruppe kleiner sein. Und Sie sollte auch an die Raumgröße angepasst sein.
Alter spielt auch eine Rolle um das Angebot speziell darauf auszurichten um effektiv zu arbeiten. Es sei denn es wird gewünscht, dass es keine Alterseingrenzung gibt. Dann muss aber viel mit Variation geplant sein und der Trainer sehr flexibel sein.

2.3 Zielsetzung

Es gibt kurz- und langfristige Ziele. Die Zielsetzung muss der Zielgruppe angepasst sein. Kurzfristig muss eingehalten werden, dass z.B. Schritte erlernt werden können und langfristig steht in erster Linie in der Verbesserung
der sportmotorischen Fähigkeiten.

3 Kursplananalyse

Tab. 1 Kursplan

Montag	Dienstag	Mittwoch	Donnerstag	Freitag	Samstag	Sonntag
9:15 Cycling Johanna			9:15 Bauch/Stretch Sabine	9:30 Yoga Anja (75min)		
10:00 Rücken Fit Claudia	10:00 Fit&Gesund Laura	10:00 Pump Claudia	10:00 Flexx Rücken Sabine			10:30 Step'n Tone Lucia
					15:00 Cycling Anja	
17:30 Cycling Gina	17:00 Flexx Rücken Luka	17:30 Bauch/Stretch Laura		17:30 Crossfit Gina		
18:00 Pump Anja	18:00 Step Martin	18:00 Step'n Tone Anja	18:00 Deep Work Lusia	18:00 Cycling Mona		
19:00 Bauch/Stretch Mona 19:00 Cycling Steffi	19:00 Body Mix Laura	19:00 Pump Bettina 19:00 Cycling Andreas	19:15 Rücken Fit Claudia	19:00 Yoga Anja (75min)		
20:00 Rücken Fit Sabine	20:00 Cycling Klaus	20:00 Flexx Rücken Luka				

3.1 Kursplankonzeption aus organisatorischer Sicht

Es gibt einen Kursraum von 100m² und einen extra Cycling Raum mit 17 Fahrrädern. Deshalb kommt es zu keinen Schwierigkeiten bei der Überschneidung von zwei Kursen. Im Kursraum ist eine Spiegelwand vorhanden, Kurz- und Langhanteln, Matten, Bälle, Stepper und Kettlebells. Die Lüftung ist ausreichend vorhanden und Fenster können im

Notfall auch gekippt werden. Allerdings folgen die Kurse im Kursraum aufeinander und falls aufgebaut werden muss, ist das schwer.

3.2 Kursplankonzeption aus trainingswissenschaftlicher Sicht

Es gibt keine Trennung von Einsteiger-Fortgeschrittenen, was zu bemängeln ist. Das Morgenprogramm ist eher auf die ältere Kundschaft eingestellt und gegen Mittag bzw. Abend wird es dann intensiver.

Bauchkurse gehen immer 25 Minuten. Alle anderen Kurse 60 Minuten.

Ausgenommen davon ist Yoga der sogar 75 Minuten läuft.

Wie aus organisatorischer Sicht sollte eine Pause zwischen zwei Kursen bestehen, damit die Mitglieder, falls gewünscht, auch mehrere Kurse hintereinander besuchen können.

3.3 Kursplankonzeption aus wirtschaftlicher Sicht

Zur abendlichen Hauptzeit/Stoßzeit wird durch die Kurse die Trainingsfläche entlastet.

Die Teilnahme an Kursen ist in jeder Mitgliedschaft vorhanden und kann immer genutzt werden. Für Außenstehende gibt es die Möglichkeit eine 10er Karte nur für Kurse zu erwerben. Gerne können Kurse auch mit einem Einzeleintritt ausgetestet werden.

Die Kurse werden in einer Statistik dokumentiert und wenn Auffälligkeiten, wie z.B. über Wochen nicht mehr als 3 Teilnehmer pro Kurs, auftreten reagiert.

4   Planung einer Wirbelsäulengymnastik

4.1 Zielgruppe

Zielgruppe ist die Generation 40+ mit einer Teilnehmeranzahl von 20. Geschlechtlich gibt es keine Abgrenzung und Vorkenntnisse sind keine von Nöten.

4.2 Material

Gebraucht wird nur eine Matte

4.3 Stundenplanung

Tab. 2 Aufwärmen

Phase: Aufwärmen 10 Minuten				
Ziel der Übung	Übungsbezeich-nung/ Name der Übung	Übungsbeschrei-bung	Belastungsgefüge	Bemerkungen/ Hinweise
Aufwärmen	Umherlaufen	Durch den Raum laufen	1 Minute	Darauf achten, dass niemand sich selbst ausgrenzt
	Schulter kreisen	Erst linke Schulter nach hinten kreisen. Dann die rechte Schulter. Dann beide. Danach noch in die andere Richtung kreisen.	30 Sekunden links 30 Sekunden rechts 30 Sekunden beide	
	Arme Kreisen	Erst linker Arm nach kreisen. Dann den rechten Arm. Dann beide zusammen. Danach noch in die andere Richtung kreisen.	30 Sekunden links 30 Sekunden rechts 30 Sekunden beide	
	Knie hochziehen	Im Wechsel die Knie im Stand nach oben ziehen	1 Minute	
	Zehenspitzenstand	Im Stand auf die Zehenspitzen und wieder absetzen. Dies mehrmals wiederholen	1 Minute	
	Kniebeuge	Kniebeuge langsam ausführen soweit möglich	1 Minute	

Tab. 3 Kräftigung

Phase: Kräftigung 30 Minuten				
Ziel der Übung	Übungsbezeich-nung/ Name der Übung	Übungsbeschrei-bung	Belastungsgefüge	Bemerkungen/ Hinweise
Spannung der Bauchmuskula-tur, Fixierung der Lendenwir-belsäule	Füße anziehen	Arme legt man ne-ben dem Körper ab, Beine sind leicht aufgestellt. Die Fuß-spitzen anziehen und Fersen auf den Boden drücken. Die Bauch- und Gesäß-Muskulatur anspan-nen. Im Wechsel Spannen und lo-ckern	3 Minuten	
Kräftigung der geraden Bauch-muskeln	Crunches	Arme legt man ne-ben dem Körper ab, Beine sind leicht aufgestellt. Dann werden die Arme über der Brust ver-schränkt und man geht mit dem Ober-körper nach oben und drückt gegen eine gedachte Wand. Im Wechsel Spannen und lo-ckern	2 Minute	
Kräftigung der schrägen Bauch-muskulatur	Seitliche Crunches	Arme legt man ne-ben dem Körper ab, Beine sind leicht aufgestellt. Linke Hand berührt rech-tes Knie und diese Stellung 5-10 Se-kunden halten. Kopf und Schultern wer-den dabei leicht vom	2 Minute	

		Boden angehoben. Im Wechsel Spannen und lockern		
Muskeltraining vom Schultergürtel bis hin zur Wade mit Schwerpunkt - schräge Bauchmuskeln	Kniedrücken	Arme legt man neben dem Körper ab, Beine sind leicht aufgestellt. Man hebt rechtes Knie, so dass es einen Winkel von 90° hat. Dann drückt man mit dem linken Arm dagegen. Dadurch eine Ganzkörperspannung aufbauen. Im Wechsel Spannen und lockern	3 Minuten	
Kräftigung der Rumpfmuskulatur, Aufbau einer Körperspannung	Beckenheben	Arme legt man neben dem Körper ab, Beine sind leicht aufgestellt. Dann wird das Gesäß immer wieder vom Boden abgehoben. Im Wechsel Spannen und lockern	3 Minuten	
Dehnung und Kräftigung der Oberschenkel- Gesäß- und Rückenmuskulatur	Kniedrücken gegen Hände	Arme legt man neben dem Körper ab, Beine sind leicht aufgestellt. Knie vom Boden abheben und mit beiden Händen ausgetreckt umfassen. Dann gegen den Widerstand der Hände drücken. Im Wechsel Spannen und lockern	3 Minuten	
Körperspannung und -streckung. Stabilisierung	Bauchlage	Auf den Bauch legen. Arme seitlich vom Körper, Beine ausgestreckt. Hände	2 Minuten	

der Rückenmuskulatur		auf das Gesäß ablegen und den Kopf leicht vom Boden anheben. Im Wechsel Spannen und lockern		
Kräftigung der gesamten Rückenmuskulatur, Dehnung der Brustmuskulatur	Bauchlage mit Armen	Auf den Bauch legen. Arme seitlich vom Körper, Beine ausgestreckt. Arme werden in einer U-Form über/neben dem Kopf platziert. Beide Arme abheben und Schulterblätter in Richtung Wirbelsäule ziehen. Im Wechsel Spannen und lockern	1 Minute	
Kräftigung der Rückenmuskulatur	Bauchlage seitlich	Auf den Bauch legen. Arme seitlich vom Körper, Beine ausgestreckt. Arme werden nach vorne ausgestreckt und angehoben. Beine werden auch angehoben und es wird leicht von Seite zu Seite gewippt	1 Minute	
Kräftigung der Gesäß- und Rückenmuskulatur, Schulung des Gleichgewichts	Vierfüßlerstand	Auf Händen und Knie stützen. Ellenbogen dabei leicht angewinkelt. Dann im Wechsel linkes Bein rechter Arm und rechtes Bein linker Arm ausstrecken. Kopf bleibt die Verlängerung der Wirbelsäule.	4 Minuten	

| Mobilisierung der Wirbelsäule, Dehnung und Kräftigung der Rumpfmuskulatur | Katzenbuckel - Pferderücken | Auf Händen und Knie stützen. Ellenbogen dabei leicht angewinkelt. Kopf auf die Brust nehmen und Rücken nach oben ziehen. Dann Kopf in Nacken nehmen und Wirbelsäule vorsichtig nach unten ziehen. | 4 Minuten | |

5 Literaturverzeichnis

Martin, D., Carl, K., & Lehnertz, K. (1993). *Handbuch Trainingslehre.* Schorndorf: Hofmann.

Zintl, F. (1997). *Ausdauertraining.* München: BLV-Sportwissen.

6 Tabellenverzeichnis